Bibliothèque Générale de Cinématographie

CONFÉRENCES SUR LA CINÉMATOGRAPHIE
Organisées par le Syndicat
DES AUTEURS ET GENS DE LETTRES

TROISIÈME CONFÉRENCE

Le Théâtre Cinématographique

Par **E. KRESS**

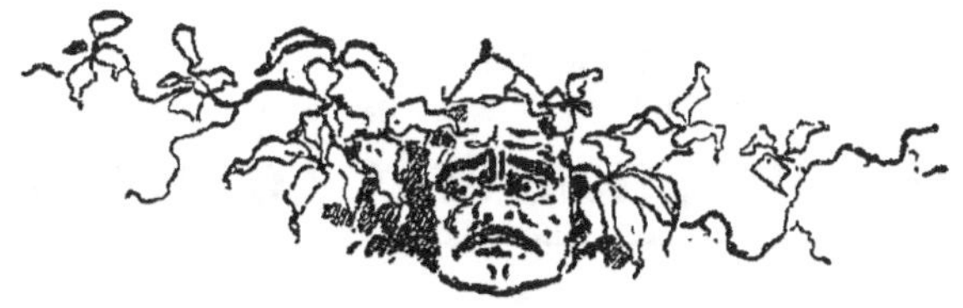

PARIS
COMPTOIR D'ÉDITION DE " CINÉMA-REVUE "
118, Rue d'Assas, 118

0.60 le Volume

PETITE BIBLIOTHÈQUE DE LA PHOTO-REVUE

Série Orange

1° Les Négatifs sur papier au bromure.
2° Le Développement automatique à deux cuvettes.
3° Le Procédé à la gomme bichromatée.
4° Les Surprises du Gélatino.
5° Les Petites Misères du Photographe.
6° Le Développement lent.
7° La Vérité en Photographie par l'Objectif et par le Sténopé.
8° La Théorie du Développement.
9° Les Ennemis du Laboratoire.
10° Essais de Stéréoscopie Rationnelle.
11° Cartes postales, Lettres et Menus photographiques (Les).
12° Origines de la Photographie (Les).
13° Photo-Bijoux (Les).
14° Le Cliché négatif.
15° La Photographie au charbon simplifiée.
16° Notes pratiques sur l'orthochromatisme.
17° Notions élémentaires de Pratique stéréoscopique.
18° Photo-Gomme.
19° La Photocopie positive par Développement.
20° Lointains et sous-bois en montagne.
21° Le Pelliculage des Clichés.
22° L'Eclairage du Laboratoire.
23° La Photographie dans les Pays chauds.
24° Les Positives pour Projections.
25° La Photocollographie pour tous.

Série Bleue

1° Exécution des Fonds d'atelier.
2° Construction des Accessoires de pose.
3° La Sténopé-Photographie.
4° Les Objectifs anachromatiques.
5° La Photographie à l'huile.
6° Le Procédé Ozobrome.
7° Procédé simplifié de Photo-Céramique.
8° Traitement des Résidus photographiques.
9° La Photo-peinture des Paysages.
10° Emploi des Plaques autochromes.
11° Les Agrandissements sur Papiers pigmentaires.
12° La Photo-sculpture pour tous.
13° Le Diamidophénol acide en Photographie.
14° L'Arbre dans le Paysage.
15° Les Produits photographiques.
16° Le Photo-Vitrail.
17° Exécution des petits Clichés.
18° Les Effets d'éclairage dans le Portrait.
19° Utilisation des petits Clichés.
20° Les Clichés pelliculaires.
21° La Photographie en Ballon.
22° La Photogravure simplifiée.
23° Groupes et Sujets de genre.
24° La Photographie sans Laboratoire.
25° Les Epreuves au bichromate par teinture.

Série Verte

1° La Photographie par Cerfs-Volants.
2° Le Développement-Fixage combinés.

CETTE COLLECTION SERA CONTINUÉE

HEBDOMADAIRE LA **24e ANNÉE**

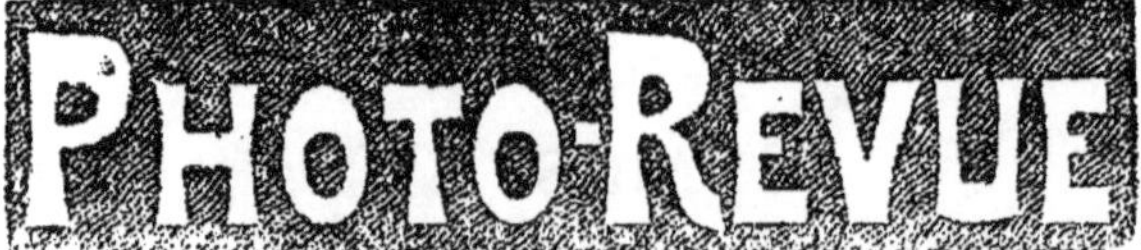

est le seul Journal Photographique

QUI PARAISSE TOUTES LES SEMAINES

Chez les Libraires, dans les Gares, les Kiosques

et dans beaucoup de Maisons de fournitures

DIJON, IMPRIMERIE DARANTIERE

PRINCIPALES PUBLICATIONS

éditées sous la direction de **CHARLES-MENDEL** ❊

PHOTOGRAPHIE--OPTIQUE--CINÉMATOGRAPHIE

118 et 118 bis, Rue d'Assas

PARIS (VIe)

TÉLÉPHONE : 811-90 **TÉLÉPHONE : 811-90**

Photo-Revue Hebdomadaire. La plus importante et la plus ancienne publication hebdomadaire, concernant la photographie, fondée en 1888. Abonnement annuel : France **8** fr. Etranger.. **10** fr.

Photo-Magazine Revue hebdomadaire illustrée de Photographie à l'usage des Amateurs et des gens du monde, littéraire, humoristique à l'occasion, très illustrée. Abonnement : France **12** fr. ; Etranger.. **15** fr.

Photographie (la) Revue des Sciences photographiques, et *La Photographie des Couleurs réunies*. Mensuelle. Abonnement : France **6** fr. ; Etranger................................ **8** fr.

Revue Illustrée de Photographie Revue mensuelle comprenant tout ce qui constitue **PHOTO-MAGAZINE** sauf la partie sur papier bulle. Abonnement : France **8** fr ; Etranger.. **10** fr.

Information Photographique (L') Revue mensuelle du Commerce et de l'Industrie photographiques. Organe des renseignements commerciaux et industriels, destiné à favoriser le développement de l'Industrie photographique en France Abonnement : France **5** fr. ; Etranger.............................. **10** fr.

Revue Générale d'Optique et de *Mécanique de précision*. Organe d'informations techniques et commerciales. Mensuelle. Abonnement : France **6** fr ; Etranger...... **8** fr

---

Cinéma-Revue Revue d'informations cinématographiques. Supplément mensuel à " **CINEMA** ", Annuaire de la projection fixe et animée. Abonnement pour le monde entier **1** fr.**25**

Cinéma Annuaire de la projection fixe et animée. Forme chaque année un fort volume 16 × 25 d'environ 400 pages. Prix **6** fr. **25**, par souscription.. **3** fr. **75**

Annuaires Charles-Mendel Annuaires du Commerce et de l'Industrie photographiques et Cinématographiques. Paraissent chaque année.

TROISIÈME CONFÉRENCE

Le Théâtre Cinématographique

Par E. KRESS

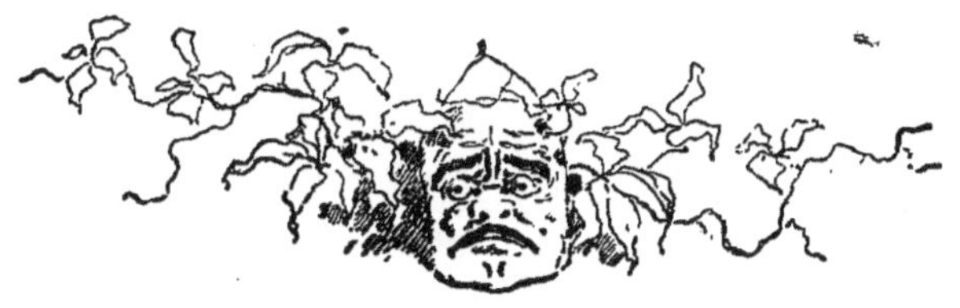

PARIS
COMPTOIR D'ÉDITION DE " CINÉMA-REVUE "
118, Rue d'Assas, 118

AVANT PROPOS

En décidant de faire développer en un certain nombre de conférences les principes de la technique théâtrale du film, les Membres du *Syndicat des Auteurs et Gens de Lettres* se sont proposés, non seulement d'instituer et de poursuivre un enseignement nouveau, mais aussi d'affirmer qu'une étroite solidarité devait unir et les auteurs et les interprètes de scénarios.

Le lecteur voudra donc bien considérer notre travail, non comme l'exposé de connaissances et de conceptions personnelles, mais bien plutôt comme le résumé des discussions que cet exposé a fait naître.

MM. Charles-Mendel ont bien voulu honorer de leur sympathique bienveillance notre modeste tentative ; bien mieux, nos assidus collaborateurs leur devront de pouvoir conserver sous une forme précise le résultat d'un travail commun ; au nom des Membres du Syndicat, au nom de tous les auditeurs du cours, en mon nom personnel, aux excellents éditeurs de *Photo-Revue* et *Cinéma-Revue*, je me permets de dédier cette modeste transcription de conférences sans prétention.

E. Kress.

Paris, février 1912.

CONFÉRENCES

SUR LA

CINÉMATOGRAPHIE

TROISIÈME CONFÉRENCE

LE THÉATRE CINÉMATOGRAPHIQUE

Un point c'est tout. L'auteur de scénarios pour cinématographe a terminé son œuvre. Je dis son œuvre parce que j'estime qu'il s'est inspiré de toutes les ressources, de toutes les nécessités d'un art nouveau, qu'il est allé même jusqu'à franchir le seuil de nos conférences, témoignant ainsi d'un zèle, d'un désir de documentation qui sont à la base des devoirs de sa profession. Quoi qu'il en soit, il ne lui reste plus qu'à être « tourné ». Si l'auteur a ses grandes ou petites entrées chez les éditeurs de Films, si surtout il a l'oreille d'un metteur en scène ou d'un artiste coté, on l'a d'avance sollicité ; il est le bienvenu et le grassement rétribué de la Maison ; mais s'il lui faut heurter de front la renommée, s'il lui faut livrer bataille à la pièce de cent sous, il lui faudra compter avec mille déboires et souvent avec mille petites tracasseries. Les demoiselles préposées à certains services d'introduction ont trop pris l'habitude des « huit reflets » pour accorder un sourire aimable aux minables porteurs de manuscrits. Je conseille sérieusement à ces derniers de passer outre et de casser quelque peu les vitres ; ils auront toujours dans leur sac quelques mots d'esprit pour améliorer et préciser leur situation.

Les auteurs de scénarios n'ont ordinairement pas recours aux copistes et aux agences qui les exploitent. Il est de toute nécessité, néanmoins, qu'ils aient déposé un double de leur œuvre au Syndicat des Auteurs et Gens de Lettres, ce qui leur permettra de faire valoir leurs droits d'antériorité et de protester, le cas échéant, contre le plagiat. D'autre part, le même Syndicat des Auteurs et Gens de Lettres, après lui avoir signalé telle ou telle ficelle de métier, aura engagé le camarade à voir tel ou tel artiste auquel conviendrait son œuvre spécialement. Au point de vue de la mise en scène toutes indications utiles ont été soigneusement consignées, si bien que l'inconnu d'hier arrive chez l'éditeur précédé, sinon des trompettes de la Renommée, du moins de la lettre labellée grâce à laquelle il n'est plus un anonyme, un habitué de l'éconduite.

Que l'auteur, surtout celui qui aura scrupuleusement suivi nos Conférences, ne s'imagine pas pouvoir et devoir imposer ses ordres au metteur en scène. Le metteur en scène conserve dans cet art, qui est presque une science exacte, le privilège de voir juste et de savoir diriger ce que j'appellerai l'économie de la bande; mais il aura pour l'auteur qui a du métier une bienveillance qui sera comme le puissant facteur d'une étroite et intelligente collaboration. Quant à l'opérateur, son caractère le plus souvent gai et enjoué ne va pas sans un esprit de méthode et de précision avec lequel il n'y a pas à discuter. S'il vous dit, amicalement, le soir entre deux bocks « Bouleversez-moi ça », n'hésitez pas, il aura raison.

Les éditeurs de films qui n'invitent pas les auteurs à voir tourner leurs scénarios commettent une lourde faute. Nous ne les imiterons pas et nous ferons au contraire examiner le plus en détail possible le théâtre du cinématographe.

Une bande cinématographique peut comporter des scènes prises au théâtre et des scènes prises en plein air. Occupons-nous tout d'abord des premières.

Le théâtre cinématographique n'est qu'une modification de l'atelier du photographe. On demande à cet atelier d'être le mieux éclairé possible. Idéalement il doit être vitré avec du verre cathédral sur toutes ses faces et sur sa toiture. Pour des motifs économiques, certains théâtres ne sont vitrés que sur une partie du toit et même sur une ou deux seules faces. Cette disposition a surtout pour but d'éviter l'énorme chaleur qui se développe et qui rend un long travail impossible. On peut obvier à ces inconvénients par une circulation d'eau sur la toiture ou par modification même de cette toiture. Nous inspirant de la disposition en dents de scie, nous préconiserons une toiture recouverte de verres légers montés sur cadres dont l'inclinaison pourrait varier suivant l'orientation solaire. Au système bien connu des rideaux que l'on oriente et que l'on drape suivant tel ou tel jeu de lumière, nous ajouterions, pour ne pas dire nous substituerions, des jeux d'écrans colorés, instauration que la cinématographie en couleurs rendra du reste nécessaire. Nous imaginons même que la lumière solaire pourrait être admise sur les scènes cinématographiques par une sorte de grand tambour vitré disposé horizontalement, mobile autour de son axe et dans l'intérieur duquel tout une combinaison de miroirs mobiles permettrait d'orienter et de répartir les rayons du jour. Cette disposition a du reste été utilisée avec un grand succès dans une usine d'héliogravure anglaise. En d'autres termes, je préconise la toiture curviforme et les parois à parties orientables.

La ventilation des théâtres cinématographiques offre certaines difficultés en raison même des mouvements intempestifs, de l'agitation des décors et des accessoires que cette ventilation nécessairement violente pourrait provoquer. On peut utiliser pour cet objet le dispositif employé dans les fabriques de papiers photographiques en intercalant sur la prise et sur le trajet du courant d'air des brosses ou balais dont les poils sont légèrement glycérinés.

Le plancher du théâtre cinématographique ne comporte pas de déclivité comme à la scène ordinaire. Il peut être machiné et muni de trappes à tampon ou en étoile, ces dernières utilisées surtout pour les films d'acrobatie. Mais, comme les ressources de l'arrêt sont inépuisables, les changements de décors ne s'exécutent ordinairement pas comme au théâtre scénique. D'autre part, il est nécessaire, au cinématographe, que les décors soient très solidement équipés, et, dans certains cas, on ne pourrait se contenter de les simplement guinder, c'est à dire de les attacher par une sorte de nœud coulant au mat passant par la costière. Certains décors, au cinématographe, sont munis de trappes anglaises, sorte de portes s'ouvrant et se refermant rapidement sous l'action de ressorts très puissants. C'est ainsi que l'on simule les disparitions à travers les murailles, etc.

Le plancher recouvre parfois une *piscine*. Très souvent il peut être machiné (comme dans la prise de vues d'ondines, etc.), soit qu'on le recouvre d'un simple tapis, soit qu'on y applique un décor machiné. C'est ainsi que l'on obtient souvent les scènes où un acteur monte le long d'un mur ou pratique d'impossibles escalades alors sans danger. Les trépidations produites par le jeu des acteurs pouvant se transmettre à l'appareil de prise de vue on se trouvera bien d'isoler le plancher de la scène de celui de l'atelier où se tient l'opérateur. Un plancher non seulement mobile mais tournant sur galets rendra de grands services dans certains trucs et pour certaines illusions. Certaines *trappes* peuvent également être machinées de la même façon, ce qui permet d'obtenir des pirouettes étourdissantes par exemple.

Le *Cintre* a également reçu quelques importantes modifications. Il comporte un confortable balcon de fond d'où le machiniste peut faire agir, au moyen de fils, des mannequins et autres accessoires. Un autre balcon transversal et mobile sur galets, pouvant même tourner sur pivot accroché au *cintre* rendra de grands services. L'opérateur s'y tiendra lorsqu'il aura à cinématographier les scènes de plancher dont nous parlions tout à l'heure.

La machination de ·rtains grands théâtres cinématographiques nous invite à plus de détails et à décrire le dispositif adopte, du reste, pour les grandes scènes dramatiques.

Nous avons dit que le plancher du théâtre du film différait de celui des théâtres ordinaires en ce qu'il ne comportait pas de pente, du *lointain* à la *rampe*. En réalité cette inclinaison tend à disparaître et plusieurs théâtres, principalement en Allemagne, ne présentent pas cette déclivité. Quoi qu'il en soit on peut partager la scène d'un théâtre en trois parties : la *face* occupant le premier tiers du plancher, le *trumeau* le second et enfin le *lointain* ou fond. Les *dessous*, situés au-dessous du plancher, comportent de trois à cinq étages. A droite et à gauche du plancher sont disposées les *coulisses*. Au-dessus du cintre s'étend le *gril* comportant des *treuils* et des *tambours* sur lesquels s'enroulent les fils de manœuvre pour les décors. Avant 1789, les machinistes désignaient la gauche et la droite de la scène par les terme de « *côté de la Reine* », « *côté du Roi* ». Après la Révolution, le machiniste du théâtre des Tuileries substitua aux mots roi et reine les termes de « *cour* » et « *jardin* » correspondant à « cour du Carrousel » et « Jardin des Tuileries ».

La scène est divisée, suivant sa largeur, en plans, qui se subdivisent eux-mêmes en « *rues* », *fausses rues* et *costières*. Les *rues* ont une largeur de 1 m. 15 à 1 m. 20, elles correspondent aux *trappes* dont la surface est de un mètre carré et qui sont disposées sur des feuillures, ce qui leur permet soit d'être facilement enlevées, soit de pouvoir glisser par moitié à droite ou à gauche dans les « *reculées* ».

On fixe ordinairement à 8 ou 10 le nombre de trappes pour un seul plan ; une pièce pivotante, traversant la rue longitudinalement, maintient les trappes fermées.

Lorsque l'on veut ouvrir les *trappes* on agit sur le support pivotant et par un fil sans fin ou les fait glisser sur les chapeaux de ferme jusqu'aux reculées. Le fil sans fin, par une manœuvre inverse, permet de refermer les trappes. Les *sablières* sont les pièces de charpente qui servent à maintenir les trappes. Les *chapeaux de ferme* sont les sablières supérieures du plancher. La partie de la scène comprise entre les reculées et les plans des trappes porte le non de *levée*. Au delà de la levée se trouvent les *fausses rues* qui supportent les *trapillons*. Les *trapillons* ne servent qu'au passage des fermes et des décors venant des dessous. Pour un plan le nombre des fausses rues est double ou quadruple de celui des rues ; le *tiroir* est le nom sous lequel on désigne l'ensemble des trappes et des trapillons. Le tiroir est dit ouvert lorsque le fil, partant du tambour des reculées, a agi sur les trappes et trapillons. Nous avons déjà parlé des costières et indiqué que par elles passait le pied des mâts des chassis de décors.

En résumé le plancher d'une scène a pour supports des poteaux réunis par des solives *(sablières)* et reposant sur des parpaings. Lès sablières sont unies aux murs de la maçonnerie par des lambourdes et les différentes pièces du cadre ainsi constitué sont munies de crochets. Les différents étages des dessous comportent la même disposition. Toutefois le premier dessous est sillonné par des rails où courent des chariots recevant les mâts passant par les costières.

Sous le nom de *décors* on comprend le *châssis*, les *rideaux*, le *plafond* et les *frises*, ces trois derniers étant descendus du cintre. Les fermes du châssis montent des dessous ainsi que : les escaliers, balcons, ponts, tours, etc., auxquelles on a donné le non de « *praticables* ». Les draperies placées près du cadre portent le nom de *manteau d'arlequin* parce qu'elles servaient à l'entrée et à la sortie du fameux personnage de la comédie italienne.

Les châssis, qui ont été disposés en tas suivant un ordre déterminé sont poussés en scène, guindés sur le mât qui repose dans le fourreau d'un charriot du premier dessous. Les mâts sont à chantignoles ou à perroquets permettant aux machinistes de grimper pour effectuer le guindage des décors. De faux-châssis comportant deux sortes de mâts plats munis d'échelons remplacent souvent les mâts ordinaires. Les « *âmes* » sont des montants de bois qu'une armature de fer appelée « *cassette* » maintient. De ces âmes partent des fils qui retiennent, qui équipent les fermes. Au système des cassettes on peut substituer un ensemble de deux poulies que l'on retrouve du reste dans la plupart des grues et machines élévatoires. Sur le trajet des fils se trouvent disposés les tambours sur lesquels les fils font un et quelquefois deux tours. Ces fils, en coton, le plus souvent (et nous rappelons que les mots cable ou corde ne doivent pas être prononcés au théâtre sous peine de recevoir le « bouquet »), sont terminés par l'*allège*, pièce de fonte plus ou moins chargée de poids coulissant le long du mur ou, ce qui est préférable, passant par les cheminées ménagées le long des murailles de la scène. On dit qu'on *appuie* un décor lorsqu'on le fait monter, on dit qu'on le *charge* quand on le fait descendre. Nous voyons ainsi qu'une grande partie de la manœuvre des décors s'effectue au moyen de poids enlevés ou placés sur les allèges. Le fil, ou, plus exactement, l'extrémité du fil de manœuvre porte le nom de « *commande* ». On le maintient, on le met en retraite au moyen d'une cheville.

Le *cintre* peut également comporter plusieurs étages auxquels on accède par des échelles passant par des *trous de chat*. Des *ponts volants* relient les corridors. Les commandes des fils de cintre portent le nom de *poignées*.

Le *gril*, correspondant au dernier dessous, reçoit aussi une série de treuils à dénomination étrange : « *mère de famille, crochet à paillette* » et les réservoirs d'eau en cas d'incendie.

Nous avons déjà parlé des *trappes* et nous croyons inutile de rappeler qu'elles sont mues par des fils armés de contre-poids. Aux trappes anglaises on peut substituer un système de deux tambours dont le tracé a quelque analogie avec celui des cames. On peut ainsi faire réapparaître l'acteur sans avoir recours à un système assez compliqué de contrepoids ou allèges.

En Allemagne et en Autriche on a tenté de substituer les commandes hydrauliques ou électriques à l'action simple de la pesanteur agissant sur les fils des décors. Au théâtre de la Gaîté, sous la direction de M. Quernel on avait tenté d'établir un système de ce genre et cet essai avait été imité par M. Garnier, à l'Opéra. On trouvera, dans l'ouvrage de M. Carré sur le Théâtre en Allemagne et en Autriche des renseignements précieux sur le théâtre de Wiesbaden.

Nous voici bien loin du théâtre cinématographique tel que nous le concevons. Nous sommes surtout bien loin de cette sorte de box étroit où les acteurs du film doivent évoluer. Toute scène destinée à la production du négatif cinématographique doit, en quelque sorte, s'ouvrir sur un « fond noir ». Le fond noir est en réalité une sorte de scène de 8 à 10 mètres de profondeur, entièrement tendue de velours noir sur ses cinq faces, la sixième s'ouvrant librement du côté de l'opérateur. cette ouverture pourra être, et sera du reste, masquée par le décor de fond. Nous aurons à traiter spécialement la question décors, à indiquer comment nous les voudrions voir transformer en s'inspirant du diorama de Daguerre.

L'installation de la lumière retiendra aujourd'hui

particulièrement notre attention. Nous avons déjà souligné l'importance que nous accorderions à l'interposition des écrans colorés venant modifier la lumière du jour; dans notre précédente conférence nous avions également indiqué qu'il ne serait pas inutile de teinter les pellicules positives. Ces opinions nous ont été dictées par le souci que nous avons de voir disparaître de l'écran les physionomies noires des artistes. Nous savons (et c'est pour cette raison que nous avons réservé au Grime un chapitre spécial) que le fard joue un grand rôle dans cette production outrancière de facies africains. Mais un emploi judicieux et scientifique des sources de lumière doit rétablir un juste équilibre et c'est encore pour cette raison que nous devons étudier les rapports de la lumière et de la couleur ou plus exactement la traduction, cinématographiquement parlant, de la couleur par la lumière.

Nous ne parlerons aujourd'hui que de la meilleure et de la plus utile manière d'éclairer les acteurs au théâtre cinématographique.

Il y a plus d'un siècle que Lavoisier, non seulement chimiste, mais homme épris d'art théâtral, avait proposé de dominer la scène par des foyers lumineux partant de points dissimulés aux yeux de spectateurs et, au théâtre du Château d'Eau, on avait tenté, sous la direction de Barthélemy, de substituer à la rampe, des projecteurs disposés au plafond de la salle, face à la scène, à la hauteur du lustre. Ce dispositif a été imité dans certains théâtres cinématographiques ; il produit des ombres sans demi-teintes et je ne crois pas devoir le conseiller. Je lui préfère un procédé qui consiste à projeter sur les artistes non pas une lumière directe mais une lumière refléchie ou une lumière renvoyée par un système d'écran tamiseur placé au dessus du décor et un peu en avant de la scène.

Dans notre système, l'écran ne serait pas fixe mais animé d'un mouvement de translation, de vibration, de va-et-vient rapide, bien connu des photographes tirant des épreuves au bromure devant une lumière fixe. D'ailleurs ce n'est pas là, au théâtre, une nouveauté ; c'est bien plutôt une application du procédé Fortuny, assez parfait pour permettre la suppression des frises et même de la toile de fond. En utilisant les rayons émanant d'une lanterne à projection réfléchis sur une glace montée sur chariot et sur laquelle les nuages étaient peints, on obtenait l'illusion du déplacement des nuages sur le ciel. On comprendra que nous voulons insister sur l'éclairage tout particulier des décors. Pour que ceux-ci traduisent un relief très accusé il est nécessaire, quelque paradoxale que semble être notre affirmation, il est nécessaire que ces décors soient légèrement estompés.

Quant à l'éclairage latéral, il faut tenir compte que

l'acteur est d'autant plus éclairé qu'il se rapproche du côté cour ou du côté jardin. La réflexion convenable des rayons au moyen des écrans dialyseurs dont nous avons parlé portera remède à cette exagération de lumière qui se traduirait d'autant plus à la projection qu'elle aura été plus violente et plus crue.

Au théâtre, on réunit toutes les commandes de lumière (électrique évidemment) par un système qui a pris le nom de *Jeu d'orgue*, en souvenir de l'époque où n'y aboutissaient que les tuyaux destinés à l'envoi de la lumière au gaz d'éclairage. A ce système primitif, on a substitué les rhéostats auxquels correspondent les « *témoins* » lampes à incandescence permettant de vérifier que telle ou telle partie de l'éclairage a bien répondu sur la scène à l'établissement du contact correspondant. Un jeu de lampes bleues, blanches et rouges permettent au théâtre toutes combinaisons. Au cinématographe on substitue avec avantage une lumière vert-bleuâtre à la lumière bleue. A l'Opéra-Comique et la Comédie Française on utilise le Jeu d'orgue Clémançon comportant un cylindre divisé en sept parties correspondant à sept valeurs lumineuses et établissant des contacts successifs avec un bain de mercure. M. Boisset à imaginé d'intercaler une résistance liquide correspondant à un tableau intermédiaire et à un tableau général. La résistance liquide est constituée par de l'eau légèrement acidulée contenue dans une cuve. Au fond de cette cuve se trouve une lame de plomb, avec laquelle deux charbons de cornue, oscillant grâce à une sorte de levier de balance, établissent le contact électrique. Ce fléau est sollicité par une vis dont l'extrémité est munie d'un volant. En tournant le volant dans un sens ou dans l'autre on immerge tel ou tel charbon. Par suite de l'immersion lente la résistance électrique augmente (ou diminue en sens inverse) et on gradue ainsi les effets de lumière.

Les lampes à vapeur de mercure, très photogéniques, n'ont pas tardé à être introduites au théâtre cinématographique. Le néon et les gaz rares, isolés par M. Claude, ne tarderont pas, sinon à les supplanter, du moins à permettre des combinaisons lumineuses que nous étudierons prochainement.

La pratique du théâtre cinématographique est trop liée à celle des effets de lumière et par conséquent des décors pour que nous ne nous contentions pas, aujourd'hui, de ces données très générales.

Nous terminons en disant qu'il est souvent utile, en prenant les précautions nécessaires pour que l'opérateur ne s'y vienne pas réfleter, de faire jouer les acteurs devant une glace, le décor étant placé au-delà de l'appareil.

Quant à ce dernier, d'une façon générale, il sera disposé très bas sur son pied. L'objectif sera à large ouverture. Lorsque le théâtre cinématographique sera construit sur le même plan que le sol, les vues pourront être prises, grâce à la baie pratiquée, en quelque sorte en plein air. Des velums ou écrans permettront d'obtenir certains effets sur lesquels nous reviendrons dans une prochaine conférence.

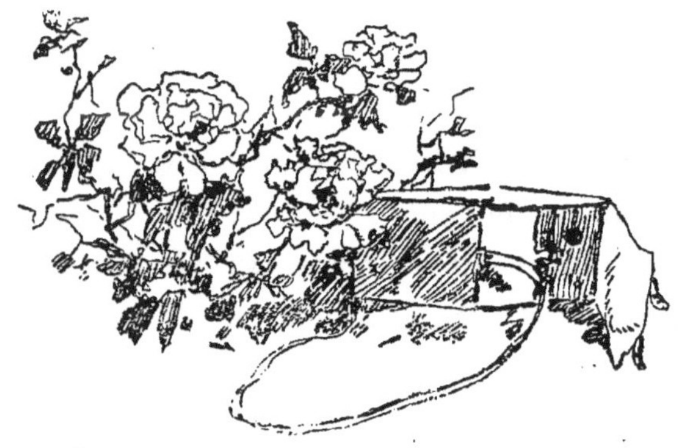

Supplément mensuel à " Cinéma " Annuaire de la projection fixe et animée

Abonnement :
1 fr. 25
pour le monde entier

CINÉMA-REVUE

Paraît tous les mois

Journal d'informations Cinématographiques absolument indépendant

BULLETIN D'ABONNEMENT A REMPLIR ET A RETOURNER

118, Rue d'Assas, PARIS

Veuillez m'abonner pour une année à "**CINÉMA-REVUE**", Journal d'Informations Cinématographiques.

Ci-joint un franc vingt-cinq centimes.

Le **191**

Nom ....

Profession ....

Adresse ....

www.ingramcontent.com/pod-product-compliance
Lightning Source LLC
LaVergne TN
LVHW010249230826
846091LV00007B/2879

* 9 7 8 2 3 2 9 5 3 9 6 8 3 *